RAPPORT

SUR

LA COLONISATION

AU POINT DE VUE

DES INTÉRÊTS RELIGIEUX DES ÉMIGRANTS FRANÇAIS

PAR

M. A. A. FAUVEL

Extrait du COMPTE RENDU DE LA 18ᵉ ASSEMBLÉE ANNUELLE

DES CATHOLIQUES DE FRANCE.

PARIS

F. LEVÉ, IMPRIMEUR DE L'ARCHEVÊCHÉ

17, RUE CASSETTE, 17

1889

RAPPORT SUR LA COLONISATION

Des Intérêts religieux des Émigrants français

Par M. A. A. FAUVEL

La France, comme une vaste ruche travailleuse et productive, essaimait autrefois ses enfants sur les plus lointains rivages. Là, ils plantaient à côté de la croix le drapeau du pays et répandaient les idées françaises en créant des centres à la fois commerçants et coloniaux.

C'est ainsi que nos pères normands découvrirent le Nord-Amérique, bien avant que Christophe Colomb eût posé le pied sur les rivages de l'Amérique centrale. On vit encore ces hardis écumeurs des mers fonder des colonies en Italie, en Sicile, et jusque sur ces côtes occidentales d'Afrique que vont bientôt relier à l'Europe de nouvelles lignes de navigation sous pavillon français. Plus tard, l'Inde, le Canada, l'Afrique du Sud, furent à leur tour colonisés par des émigrants français. La grande ile de Madagascar mérita d'être appelée par Colbert la France orientale. La Louisiane promettait d'être une France occidentale.

De tout cela que nous reste-t-il aujourd'hui ? Une population française au Canada, heureuse, prospère et libre, mais sous le sceptre de la reine d'Angleterre, comme leurs frères dans la colonie du Cap ; deux ou trois malheureux comptoirs sur la côte de l'Inde, quelques îles malsaines aux environs de Madagascar, nos Antilles aux mains des noirs ; Cayenne, abandonnée à la fièvre et la Nouvelle-Calédonie, terre excellente et saine, mais livrée aux forçats qui mouraient trop vite à la Guyane. Il est vrai que nous avons conquis la Cochinchine et le précieux Tonkin, mais ils nous coûtent plus qu'ils ne nous rapportent. Faut-il parler d'Obock, un brasier sur la côte d'Abyssinie, dépôt de charbon, mais non pas une colonie future de peuplement?

Que nous reste-t-il pour envoyer nos colons fonder des établissements dans une nouvelle patrie? L'Algérie et la Tunisie, me direz-vous! Hélas, sans parler de ces aléas terribles : les Arabes, les sauterelles, l'inondation, la sécheresse et le phylloxera, elles sont terres trop françaises pour inspirer confiance à ceux qui, en s'expatriant, cherchent la liberté, à ceux qui se plaignent déjà, à Saïgon comme à Haïphong, d'être entravés par les administrations de la métropole, par les fonctionnaires tant civils que militaires, par les douanes, les octrois, les impôts; vieilles machines, bonnes dans un pays riche et prospère, mais qui étouffent à leur naissance des pays neufs comme la Cochinchine et le Tonkin. Intelligemment et libéralement gouvernées, ces contrées auraient pu rivaliser avec l'Inde et les établissements des détroits, avec Hongkong et Singapore, si florissants, grâce à la large initiative de l'Angleterre.

Quand nous avons voulu essayer du libéralisme, nous l'avons fait maladroitement. Ainsi, depuis que M. Crémieux a eu l'étrange idée de donner le droit de citoyen français aux juifs arabes d'Algérie, les chrétiens comme les musulmans y sont mieux exploités que la terre.

Mais revenons à l'émigration elle-même et voyons, avant de nous préoccuper de colonies à fonder, si nous possédons en France des éléments de colonisation et de peuplement pour des pays neufs. Il nous paraît, en effet, puéril d'aller conquérir des provinces nouvelles pour le compte des étrangers blancs ou jaunes, olivâtres ou noirs.

Or, nous devons constater avec peine que le peuple français est peut-être de tous ceux d'Europe celui qui actuellement émigre le moins, et quand il s'y décide, c'est presque toujours avec l'espoir de faire rapidement à l'étranger une fortune dont il viendra jouir au pays natal.

A quoi devons-nous cet état de choses si différent de ce qu'il était avant 1789 ? Devons-nous faire comme le peuple mécontent et en rendre le gouvernement responsable ? Ce ne serait pas complètement juste ; il est plus exact d'en accuser nos mœurs et nos coutumes, si profondément modifiées par ce qu'on est convenu d'appeler, d'un nom bien ronflant, les immortels principes de 89, les fameux droits de l'homme.

Pour émigrer, pour fonder des colonies, il faut un certain courage et une certaine foi. On me dira que nous sommes courageux ; loin de moi l'idée d'en douter, nous sommes toujours, je le crois, ardents pour le combat et pouvons répondre par la *furia francese* au *furor teutonicus*. Mais, pardonnez-moi de vous le dire, on est très lâche aujourd'hui quand il s'agit d'abandonner le confort du *home*, pour courir des aventures lointaines comme nos glorieux ancêtres. La France est si belle qu'on a grand' peine à la quitter, on regrette la vie bien tranquille dans une gentilhommière ; d'autres ont la nostalgie du boulevard et des clubs, sans lesquels quantité de gens d'aujourd'hui ne peuvent plus vivre. Comment demander à tant de nos petits jeunes gens d'abandonner les cartes, de renoncer à leurs aimables relations, pour aller fonder une estance, un rancho? C'est à peine si vous pouvez obtenir d'eux qu'ils parcourent l'Inde à fond de train, ou jettent un coup d'œil rapide sur la Chine, le Japon et les beautés sauvages de l'Amérique du Nord. Puis, il faut bien le dire, la France est trop riche, le luxe trop répandu, le bien-être même trop commun dans la classe ouvrière, pour que personne puisse se résigner à quitter momentanément ces jouissances, afin d'aller conquérir une fortune plus grande, moyennant un effort de quelques années, pendant lesquelles il faudrait abandonner tout cela et, suivant une expression vulgaire, manger un peu de vache enragée.

Le régime légal, en distribuant la fortune également entre tous les enfants, fait que chacun se contente de son lot, sans chercher à l'accroître, trop heureux quand, grâce à l'emprunt et aux usuriers, il ne l'a pas mangé d'avance. D'un autre côté, ce système a forcément amené la diminution des familles, car, pour ne pas diviser et émietter la fortune patrimoniale, on se contente du plus petit nombre d'enfants possible, quand on ne les proscrit pas tout à fait. Les nombreuses familles patriarcales d'autrefois tendent à disparaître, et cela surtout dans les départements riches, par exemple dans notre Normandie autrefois si féconde.

L'amour de la propriété, du plaisir et des jouissances mondaines a donc amené forcément une diminution de la population de la France. Les enfants moins nombreux ont hérité d'une plus grosse part de la fortune des parents. Satisfaits de leur lot, ils n'ont point été forcés, par la nécessité de se faire une carrière, à aller chercher fortune à l'étranger, comme le font encore aujourd'hui les cadets de famille d'Angleterre, grâce à la liberté de tester laissée aux pères et aux droits sacrés de l'aîné.

La diminution de l'esprit religieux ou, pour mieux préciser, l'envahissement du scepticisme, s'est ajouté à la doctrine de Malthus. Il faut, en effet, une certaine foi religieuse, jointe à une grande confiance en la Providence, pour avoir le courage de vaincre les effets d'une doctrine démoralisante et l'énergie nécessaire pour s'arracher aux jouissances matérielles et se lancer à travers les mers à la conquête d'une nouvelle patrie. Or cette foi religieuse, nos pères la possédaient à tel point qu'ils émigrèrent souvent dans le seul but de conserver le libre exercice de leur religion. Combien le feraient aujourd'hui ? La foi religieuse est d'ailleurs le plus puissant soutien du malheureux émigrant perdu au milieu des pampas de l'Amérique-Sud, des prairies du Dakota ou du Manitoba, luttant dans son *struggle for life* contre les chaleurs du Sud et les frimas du Nord, contre les Peaux-rouges des États-Unis ou les Indiens du Paraguay. Nos pères le savaient bien ; aussi dans leurs exodes emmenèrent-ils le plus souvent avec eux les ministres de leur culte, pour bénir la croix qu'ils plantèrent sur leurs stations et pourvoir à leurs besoins religieux.

Au xviie siècle, les missionnaires furent les premiers colonisateurs et l'émigration fut une conséquence de l'évangélisation au Canada et en Louisiane. Nos ancêtres n'en étaient pas moins pour cela, croyez-le bien, d'excellents patriotes, et les Français, descendants de ces anciens colons qui se fixèrent au Canada, il y a deux cents ans, ont conservé là-bas l'usage exclusif de notre langue, qu'ils cultivent avec succès, si l'on en juge par leurs poètes et leurs auteurs dont quelques-uns ont été couronnés par l'Académie française. Le culte du souvenir pour la patrie et la religion y est tel, qu'ils ont encore dans leurs cérémonies religieuses le drapeau blanc, et qu'ils se vantent d'appartenir à telle paroisse de France. Tel un jeune religieux Jésuite venu en France, auquel on demandait : « D'où êtes-vous, mon enfant? » répondait naïvement : « De Saint-Maclou », et il expliquait qu'il était de la paroisse de Saint-Maclou à Rouen ; or, sa famille avait émigré en 1604, et aujourd'hui elle est, comme presque toutes les familles françaises du Canada, absolument pure de sang étranger. Ils ont aussi, avec l'esprit religieux, conservé la bonne morale d'autrefois : les familles de quinze à vingt enfants sont communes. M. Aumoite, un membre du parlement de Montréal, est le vingt-sixième enfant de la même mère. Dans un récent discours prononcé à la Société de géographie, M. le Dr Louis Vincent citait une famille de trente-deux enfants et une femme des environs de Québec qui venait de mettre au monde son trentième enfant. Aussi l'accroissement de la population y est-il prodigieux : en dix ans, la province de Québec s'est augmentée de 144,000 âmes, et elle compte 1,181,000 Canadiens français, sur 1 million 494,000 habitants. Comme le climat de ce bon pays est fort sain, les vieillards de quatre-vingts à quatre-vingt-dix ans y sont nombreux. La seule maladie qu'on y redoute, et qui y a fait quelques apparitions à l'état épidémique, est la petite vérole, qu'ils appellent d'un vieux nom français la « Picote ».

Sur une population totale de 4,986,000 âmes, un million et demi seulement sont français, le reste est anglais, allemand et indien. Cette petite minorité de nos compatriotes provient, en majeure partie, des soixante-trois mille Français demeurés au Canada après la cession (1763), parmi lesquels bon nombre appartenaient au fameux régiment de Carignan, formé des cadets de nos meilleures familles. Grâce à l'énergie et à l'habileté de ce demi-million de Français, leur langue est celle du parlement canadien; on plaide en français dans les tribunaux et les documents officiels sont en partie rédigés en notre langue. Les coutumes sont restées françaises, le catholicisme est la religion du pays, le clergé est instruit et dévoué, aussi est-il là-bas à la tête de la société. Dans les villages, le curé est le chef de la communauté comme celui de la congrégation. A la Saint Jean-Baptiste, la fête patronale, il y a réunion générale, et il est le roi de la journée. C'est à lui qu'on demande conseil en toute chose, comme au plus savant et comme au père de la grande famille. On trouve partout des missionnaires, des missions canadiennes, des Jésuites français, des Sulpiciens, des Oblats de Marie, des Dominicains, des Rédemptoristes, etc., etc.

En somme, les secours religieux sont assurés dans tout le pays aux émigrants. Voyons maintenant quels sont ceux qu'on peut y envoyer.

Le Canada, possédant un grand nombre de collèges, d'universités et d'écoles, la société y est instruite et abondamment pourvue dans les carrières libérales et dans le commerce. Il ne faut donc pas songer à envoyer là-bas des médecins, journalistes, employés de commerce, en un mot des bourgeois. Pour ce qui est des ouvriers, ils ne font pas non plus défaut, puisqu'un certain nombre de Canadiens se trouvent même obligés d'émigrer aux États-Unis, dans les villes de fabrique, comme à Fall River, Worcester, Lewiston, etc., dans les manufactures de cotonnades, les usines à fer, etc.

Au Canada, on trouve de riches filons de fer et de cuivre; mais ils ne sont que peu ou pas exploités. La vraie richesse du pays consiste dans le défrichement des forêts et l'agriculture. Là on manque de bras, et les laboureurs sont très demandés; aussi en n'envoyant de France que ce genre de travailleurs, est-on sûr de les voir réussir. Ils sont admirablement reçus dans le pays par les Canadiens français, logés, nourris et bien payés dans les fermes, où ils feront bien de s'engager comme manœuvres pendant une année au moins. Autrement, jugeant tout d'après leurs habitudes françaises, ils feraient forcément des erreurs et des écoles pénibles, achèteraient des terres dans de mauvaises conditions, séduits par le seul bon marché. Plus prévoyant que le Canadien qui dépense largement ce qu'il gagne, l'émigrant français, gardant là-bas ses habitudes d'économie presque exagérées, amasse rapidement une fortune et achète des terres bien situées, près d'une station de chemin de fer qui lui assure des débouchés. Il épouse alors une des filles de son patron, qui en a généralement un bon nombre, et fonde à son tour une famille. Ses enfants sont Canadiens et, prenant eux aussi les habitudes du pays, ils deviennent dépensiers et pères de nombreux enfants. Il ne conviendrait pas d'envoyer des agriculteurs défricher des forêts dans la partie frontière de la province d'Ottawa. Nos paysans, peu habitués à ce genre de travail, pour lequel ils n'ont ni aptitudes ni connaissances, se découragent facilement, perdent leur temps et leur argent à faire un métier qui convient parfaitement aux Américains, passés maîtres dans ces travaux.

Quant aux secours religieux, nous avons déjà dit qu'ils ne leur feront pas défaut, et nous pouvons même ajouter, sans crainte d'être démenti, qu'ils y sont plus sérieux et plus efficaces que ceux qu'ils peuvent trouver dans telle ou telle de nos provinces de France, où le clergé fait défaut et où le peuple est infiniment moins religieux qu'au Canada.

Pour se rendre dans ce pays, les émigrants prennent en général la voie de Liverpool et Montréal, qui est moins chère que celle du Havre et New-York. Le passage coûte environ 135 francs seulement, et, en partant avec 200 ou 300 francs dans leur poche, ils ont de quoi subvenir à leurs premiers besoins à l'hôtel des émigrants, en attendant qu'ils soient embauchés, s'ils n'ont pas eu le soin de s'assurer d'avance d'une place par l'intermédiaire des agences.

Mais un des grands inconvénients du Canada, et le seul sérieux, est le climat très froid et très pénible en hiver. Ajoutez à cela le chômage forcé pendant les cinq ou six mois qu'il dure.

Dans un livre très amusant, mais peu pratique pour ceux qui y chercheraient des renseignements sur l'émigration aux États-Unis, M. de Mandat-Grancey nous a raconté le succès de quelques-uns de ses amis établis au Dakota dans les montagnes rocheuses. Là, on élève surtout le cheval. Mais le climat est encore fort pénible en hiver, puis on a à lutter avec les Américains qui sont fort rusés et peu délicats en matière commerciale. Enfin le noble voyayeur, tout en nous décrivant sous d'assez jolies couleurs le fameux haras de Fleur de Lys Ranch, a malheureusement oublié de nous parler du point de vue religieux. Il s'agit là, il est vrai, d'un pays protestant; mais il serait intéressant de savoir si on y trouve des missionnaires catholiques et si les braves jeunes gens bretons qui sont allés se fixer là-bas ont imité certains de leurs compatriotes établis dans l'Amérique du Sud aux environs de Conception de l'Uruguay.

Ces derniers ont amené avec eux un prêtre français qu'ils entretiennent à leurs frais et pour lequel ils ont bâti une chapelle. Il est vrai qu'on ne les appelle dans le pays que les trois saints, autant, espérons-le, à cause de leurs vertus que de leurs trois noms : MM. de Saint-Didier, de Saint-Genys et de Saint-Genest.

Ceci nous amène tout naturellement à parler de ce

vaste pays de la République Argentine et de son voisin la République de l'Uruguay, qui attirent aujourd'hui le plus grand courant d'émigration tant française qu'étrangère, puisque, sur cent dix-sept mille émigrants arrivés l'an dernier dans ces pays, trente-sept mille étaient Français. Ce courant s'est accru régulièrement depuis vingt ans, et l'on a vu, au commencement de cette année, arriver une moyenne de près de mille émigrants par jour, pendant deux mois. Malgré cette inondation humaine, il reste encore de vastes terrains à donner, et les demandes de bras pour les défricher sont loin de faire défaut. Ce qu'on demande surtout là-bas, ce sont des cultivateurs, des ouvriers, des menuisiers, des maçons; mais pas de tailleurs de pierre, les villes étant construites en briques. Les mineurs n'y ont pas réussi, du moins les mineurs français qui ne peuvent fournir autant de travail que leurs concurrents anglais. Par contre, il ne manque pas de besogne pour les terrassiers, grâce au développement énorme que prennent les voies ferrées qui vont bientôt relier Buenos-Ayres au Chili, à l'ouest, et à l'empire du Brésil, au nord. Tel ingénieur anglais n'a pas moins de deux mille milles de voie en construction. Ces chemins de fer permettent aux émigrants de s'établir au cœur même du pays, puisqu'ils leur fournissent des débouchés assurés pour les produits de la terre. Or il en est besoin, car le terrain est si fertile qu'on y fait, par exemple, cinq coupes de luzerne par an, et cette plante n'y atteint guère moins de quatre pieds de hauteur. Ce sol d'alluvion léger et friable se laisse diviser avec une extrême facilité; il n'y a pas de pierres sur d'immenses étendues, et en choisissant une concession dans le voisinage d'un fleuve ou d'une rivière, ou en y construisant des réservoirs pour y emmagasiner l'eau de pluie au moment des orages, on n'a pas à craindre les conséquences des sécheresses, qui sont fréquentes et ont quelquefois ruiné des colons peu au courant de la climatologie de la République Argentine.

Depuis quelques années, la culture de la vigne y a fait de rapides progrès et des compagnies vinicoles très importantes viennent de s'y fonder. Les terrains à vignobles, situés dans le voisinage des fleuves, des chemins de fer, ou des grandes villes, ont déjà triplé de valeur. Le phylloxera est encore inconnu, mais pour se défendre contre son invasion possible, on a eu soin de planter des vignes américaines que l'on sait réfractaires à ce parasite.

L'élevage des bestiaux est, comme l'on sait, une des grandes sources de richesse du pays. Depuis quelques années, l'invention des cales froides permet d'en apporter la viande à l'état frais sur nos marchés d'Europe La rapidité croissante des bâtiments à vapeur et l'excellence de leurs aménagements ont même permis récemment de transporter ces bestiaux vivants.

Voilà donc de nombreux débouchés pour les productions du pays. En supposant que le vin ne puisse s'exporter, comme il est la boisson des gens du pays dont le nombre augmente considérablement tous les ans, il y a lieu de penser qu'on en trouvera toujours le placement.

La population, espagnole et catholique, se montre aussi charitable qu'hospitalière pour les émigrants qu'elle reçoit à bras ouverts. J'ai lu de nombreuses lettres de nos compatriotes émigrés à la Plata, tant propriétaires d'estances que travailleurs, agriculteurs, etc. : tous se déclarent satisfaits du climat, du sol, de la population. Beaucoup font venir leurs parents et leurs amis. Ils sont en effet bien payés, gagnant de 15 à 20 francs par jour, logés et nourris. On leur donne un terrain sur lequel ils cultivent des vignes ou des légumes. La grandeur de cette concession s'augmente souvent en proportion du travail qu'ils fournissent à leur patron. On peut admettre qu'un colon travailleur ou un ouvrier consciencieux peut économiser environ 2,000 francs par an. Le pays est salubre, la chaleur n'est pas intolérable et toujours supportable à l'ombre ; l'hiver y est très doux, ce qui fait qu'il n'y a pas de chômage forcé, comme au Canada. Les villes sont assez périodiquement en proie aux révolutions politiques, mais cela se passe entre les gens du pays, et bien qu'ils règlent alors leurs comptes à coups de fusil ou de couteau, les colons, dans leurs estances ou leurs vignobles, sont rarement inquiétés. Ils ne courent aucun danger, s'ils ont le bon esprit de ne pas se mêler de politique. Les domestiques sont assez rares ; aussi y a-t-il là une mine à exploiter pour les émigrants. Une bonne cuisinière gagne environ 100 francs par mois. Comme la vie matérielle est à bon marché, on peut vivre facilement et sainement. La viande coûte, en effet, moins cher que le pain ; elle est si abondante, qu'on la vend au morceau, souvent sans la peser. On en a aisément 5 ou 6 livres pour un franc ; le pain vaut 5 sous la livre, le vin coûte 15 à 20 sous le litre. Actuellement il vient de France, mais il sera bientôt en abondance et à bon marché, quand les vignes du pays seront en plein rapport. On boit aussi du cidre fait avec les fruits du pays, qui sont très abondants.

Les Français sont mieux vus là-bas que les Espagnols qui sont moins bons travailleurs et plus paresseux. La seule difficulté dont se plaignent les émigrants est la langue, qui est l'espagnol ; mais ils s'y mettent assez vite, surtout les paysans basques de nos départements du Sud-Ouest qui forment la majorité des émigrants français.

Au point de vue religieux, le clergé indigène est de peu

de secours aux colons. Les quelques prêtres séculiers français qui sont là-bas se laissent quelquefois gagner par les mœurs relâchées du pays.

Dans les villes, on trouve cependant d'excellents religieux : les Jésuites français ont à Buenos-Ayres un fort beau collège, les Lazaristes en ont un aussi, ainsi que des séminaires et des hôpitaux dans plusieurs villes : à Lujan, Assomption, Montevideo, San Juan de Cuzco, etc.

Les Dominicains français viennent d'ouvrir, le 14 mars dernier, un collège à Buenos-Ayres, sur le modèle de leur maison d'Arcueil ; ils ont été appelés par les membres du Tiers-Ordre séculier de saint Dominique, qui ont donné quarante mille francs pour les frais d'installation et assuré un subside annuel de quinze cents francs pendant deux ans.

Voilà pour l'instruction supérieure et l'éducation des enfants des familles riches ou aisées.

Pour les enfants des colons bourgeois et des travailleurs, nous trouvons aussi les collèges des P. P. Lazaristes. Quatre Frères de la doctrine chrétienne viennent de partir ce mois-ci pour Buenos-Ayres, où ils vont fonder un institut pour élever gratuitement les orphelins et les pauvres. Une demoiselle Armstrong, morte l'an dernier à Buenos-Ayres, leur a légué un million de piastres pour établir cette pieuse fondation.

Enfin, on trouve encore dans le pays des missionnaires dits Bétharamistes ou prêtres de Bayonne, dont la maison mère est à Bétharam, près de Lourdes. Ils ont le grand avantage de parler le basque, aussi sont-ils très utiles aux nombreux émigrants de nos provinces du Sud-Ouest qui composent la majorité des émigrants français à la Plata et au Chili.

Le gouvernement argentin possède au Havre et à Bordeaux des agents d'émigration. Il paye les frais de transport des émigrants, qui sont logés à leur arrivée pendant 5 à 10 jours, suivant leur destination pour des pays proches ou éloignés. On leur donne aussi, en arrivant, un terrain et des outils : ils n'ont donc à apporter avec eux que des vêtements, et encore ne doivent-ils pas s'en surcharger, car ils trouveront facilement à s'habiller dans le pays.

On a beaucoup parlé de Madagascar comme devant être une terre d'émigration pour les Français. Cela viendra peut-être un jour. Mais pour le moment, le dernier traité conclu avec le gouvernement hova (à la suite d'une campagne fort mal menée, grâce à notre crainte absurde de l'intervention anglaise) n'est pas fait pour donner une confiance suffisante aux colons français. Ils auront toujours à lutter, dans cette île, contre l'envahissement de la politique anti-française des méthodistes et protestants anglais, dont nous avons malheureusement toléré les menées et qui ont conquis une influence considérable à la cour de Tananarive. Madagascar aurait pu devenir terre française : elle est en passe de devenir colonie anglaise si l'on n'y veille.

Le climat des Comorres et de Nossi-Bé est trop fiévreux pour qu'on songe à y encourager l'émigration française. L'île Maurice est ruinée ou à peu près, les Chinois et les Indiens y ont apporté leurs maladies et rendu le travail des blancs impossible, comme partout où ils sont établis. L'Australie donne encore des terrains; mais la concurrence allemande et irlandaise, sans parler des Chinois, y rend la position impossible pour nos compatriotes.

Si le canal de Panama ou celui du Nicaragua venaient à s'ouvrir, il y aurait sans doute à coloniser le Pérou, la Colombie et surtout l'Équateur. Dans ce dernier pays, il y aura lieu d'établir des comptoirs. Les Allemands, toujours à la recherche de colonies nouvelles, le savent bien et ils y fondent déjà des factoreries à l'embouchure des grands fleuves Pastazza, Bonanza, etc., qui descendent des Andes dans l'Amazone. L'Equateur est un pays neuf, couvert de forêts, produisant sans culture le cacao, la vanille, le caoutchouc, le quinquina, la salsepareille, tous produits riches, récoltés sans peine par les Indiens qui les apportent aux factoreries, à Yquitos par exemple. Les routes n'existent pas, il est vrai, mais une partie des grands fleuves dont est sillonné le pays est navigable même pour les bateaux à vapeur qui y viennent par l'Amazone. Le gouvernement est catholique et protège les missions ; les PP. Dominicains français y sont établis et suivraient les corps de colons venant fonder des comptoirs. Bien que chaud, le climat est assez salubre, et il y a là certainement un grand avenir pour ceux qui auront le courage de s'y établir de bonne heure.

Bien que nous ayons le bon espoir de voir la France redevenir féconde en hommes et, grâce à un retour aux vertus et à la bonne morale d'autrefois, reprendre son rôle de colonisatrice, nous ne voulons pas pousser pour le moment à l'émigration. Le pays a besoin de tous les bras valides pour la défense du territoire. Puisque les armées permanentes sont un mal nécessaire, que nos jeunes gens paient leur dette au pays avant d'aller chercher fortune à l'étranger. Devant la coalition de l'Europe armée, nous n'aurons pas de trop de toutes nos forces, de tous nos hommes valides.

Le Congrès des catholiques a désiré savoir quelles pouvaient être les ressources religieuses des émigrants catholiques à l'étranger. Ce petit travail n'a été entrepris que dans le but de répondre à cette question et non, nous le répétons, dans un but politique ou d'économie sociale, ce qui est un tout autre point de vue, fort important, fort intéressant il est vrai, mais qui sort du cadre des travaux du Congrès.

Laissez-moi seulement, en terminant, exprimer un vœu aussi patriotique que catholique : c'est qu'un jour approche où nous pourrons encore parler en tout point du globe des *Gesta Dei per Francos.*

Paris. — Imp. F. Levé, rue Cassette, 17.